HIDRA

Sara San Miguel Ibáñez

COLECCIÓN ITES

HIDRA

© Sara San Miguel Ibáñez
© Corrección: Isabel Caballero
© de esta edición: Olé Libros, 2025

ISBN: 979-13-87620-74-5
Depósito legal: V-2233-2025
Impreso en España

KALOSINI, S. L.
Grupo editorial olélibros
equipo@olelibros.com
www.olelibros.com

Una intenta escapar de ti.
De las metáforas manoseadas, del sexo de las flores, de los bosques,
el lobo, los huesos, el miedo, el insomnio, la pampa,
los lugares explorados y los tesoros expoliados, pero no se puede.
No se quiere, Alejandra. Y punto.

A ALEJANDRA PIZARNIK.

PARTE I: CIÉNAGA

Lo que roe el hueso, las ratas corriendo por mi sangre,
aguas estancadas, Fobos y Deimos, el súcubo, las aristas,
el hielo, la sonrisa perversa de la noche, el lobo, el insomnio,
la esencia reprimida, la hiel del rencor.

TRAICIÓN

La luna,
herida de muerte,
se derrumba en el lago.

Lluvia

Llovía.
Fuera y dentro de la ventana.

LINAJE

Llegué a medias a este mundo, con el soplo de la muerte en la nuca.
Princesa, sí, de los sollozos
y las regiones fantasmales.
Viendo la sombra negra en la negrura.
Digiriendo mal la materia.
Enamorada de la idea de un espectro. O del espectro.
Oigo un balancín moverse en el cielo.
Niña disoluta,
de las heridas del linaje
eres la heredera.

EL INTERRUPTOR

No conozco el alivio de la materia.
No tengo la certeza del mundo despierto.
Hay más verdad en mis pesadillas que en una sola gota de agua.
No sé apagar el interruptor de golpe
y obviar el susurro del bajo fondo de mi mente.
¿Cómo se vive en una sola cara del folio?

AGUAS PRIMORDIALES

Volver al útero materno.
Mecerme de nuevo en las aguas primordiales.

En el fondo del lago

Puede que sea más sencillo entender la identidad como la superficie del lago,
y no su fondo.
Puede que sea más sabio así. Más liviano.
Pero en las aguas profundas hay tesoros enterrados
y yo debo ir en su búsqueda.
No tengo miedo a quedarme atrapada en el lodo.
Subiré con esa joya entre mis manos;
daré una bocanada enorme,
el aire será más puro
y mi piel ya nunca más será mi piel.
Renaceré.

El poder es mío

Lo cierto es
que no hay forma posible de retenerme.
Yo decido si me quedo
hasta la desgarradura
o hasta el corte.

LA MUERTE ES UN RECUERDO

Nací desdibujada.
Boira.
Lánguida.
Muda.
Triste.
Arrancada del mar de los susurros.
Cansada.
Inapetente.
Con la nostalgia primordial de saberme abajo.
Matérica.
Densa.
Fría.
Sigo aprendiendo a hacer la Tierra.

DUELO

Cuando el verano se fugue,
un olor a carbón invadirá el aire
y yo batiré mis piernas cansadas
hacia la perenne crisálida.
Apagaré el candil,
me adentraré en la caverna
y me replegaré, silenciosa,
hasta la nueva edad de oro.
Dejaré de resbalar por la grasienta superficie
y de oír sus voces y sus risas,
y tejeré,
tejeré,
tejeré.
Y devoraré,
devoraré,
devoraré.
Y alguien me llamará por mi nombre,
pero no seré yo
                        jamás
quien lo recuerde.

La ira en caída

Un cangrejo
cocinado a fuego lento;
una debilidad esencial
que se derrama
por los paisajes de Marte.

La ira está en caída,
y cuando calla, reverbera.

Desde la lejanía

A veces, se resguardaba en sus ensoñaciones y deseaba no regresar, porque el mundo le dolía, le dolía demasiado, y necesitaba purgarse de él; vomitarse de él. Había mucho ruido y los contornos eran difusos, y no se duraba mucho tiempo siendo una ciudad sin muros.

Cuando arremetían contra ella, sonreía desde la lejanía.

Alma universal

En ella anidaba el dolor universal.

Su abrazo se extendía por la faz de la tierra como un océano, portando en sus entrañas cosas remotas, desconocidas, oscuras, indecibles.

Dinámicas de poder

Tú sabes de lo que hablo
cuando un mal presagio
inunda el aire;
cuando no puedo moldear
el miedo con mi lengua
para no dar pábulo
al vigía silencioso
aflorado en la atalaya de mis obsesiones.
Al mirarme me desordenas,
y agarras y tiras de los hilos invisibles
que mecen las alas
de las palomas silvestres
para travesear con ellas
y desecharlas.
Eres como yo: un animal herido.
Pero tú atacas
y besas el rostro del odio,
y yo rebusco entre tus escombros
para astillarme las palmas
con los mordiscos
de tu mirada punzante.

DISCUSIÓN

Sus palabras lacerantes
al filo de la madrugada;
un sol que despunta lágrimas
en la abertura de la montaña.
Nacen en humo y en silencio
los días tristes,
como una persecución
que no llega a tiempo.

Monocromo

Con su marcha,
todo rastro de magia
desapareció del mundo.
Los cielos bajaron,
el mar escupió sangre
y los árboles aullaron
durante eones extraviados.

BOCHORNO DE VERANO

Era el calor.
Eran las moscas.
Era el pitido en el oído izquierdo.
De repente, se le nubló la vista,
cogió el cuchillo
y permaneció inmóvil durante horas.

LA LUZ ENCENDIDA

Me voy,
me voy,
me voy.
Y dejo la luz encendida.

EL INSOMNE

El insomne sabe
que las ratas roen la culpa
en las esquinas de la noche,
que hay algo pérfido
en el rugido de los coches
y en la danza alegre de los cuerpos
al bostezo del alba.
Odia al sol por su diligencia
y a la luna por su apatía.
Enemigo declarado de las horas,
es esclavo del canto del autillo
y fiel adepto de la angustia roja
que se desliza sin término entre las plumas.

CUANDO ACECHA LA BONDAD

Existe un mal que es obsceno,
primitivo, púdico,
que es el mal con rostro y horma
de mirada acre
y contornos nítidos,
pero hay otro menos filoso,
de piel porosa y sustancia blanda,
que va arrastrándose por el mundo
como una esquirla de luz.
Este es el mal que me inquieta,
el de la abnegación viscosa y el masoquismo
que no discierne entre éxtasis y agonía
ni entre oro y latón.
El mal de sangre tibia,
sonrisa blanda
y compasión inicua.

DOMO

Silencio.
Hay algo remoto que la acompaña;
un murmullo sordo
que mecen las horas,
unos labios fruncidos
sobre la almohada.
Silencio.
La reina llora
su jardín de entrañas;
su mano trémula recorre
el domo sobre las aguas.

Perros salvajes

Detrás del silencio
hay perros salvajes
que roen los huesos
y liban la sangre;
existe un pasillo
por el que transitan
mellados de odio
fantasmas distantes.

Susurros del corazón

Viento de otoño;
el corazón
también se deshoja.

Resiliencia

Puedo sostener este dolor.

PARTE II: GRUTA

Las grutas, esas cavidades subterráneas que se forman
cuando el agua de lluvia se filtra entre las rocas calcáreas
o en las bases de los acantilados, donde moran
agujeros inmensos creados por la erosión de las olas.
Poemas que evocan espacios oscuros, húmedos, liminales,
donde el sexo, las relaciones de poder y el eje vida-muerte
se encuentran. Lugares, a veces materiales, a veces invisibles,
que abren sus labios y dejan penetrar en su interior al héroe
—o heroína— para encontrar quizá un tesoro
o el umbral del mismísimo inframundo.

ISLA DE LESBOS

Llega
con sus aguas
a mis costas
a morir.

ENREDOS

Trepa
por mi espalda
la mujer araña;
teje
en mis párpados
la edad de oro
del sueño.

FOBIA

Nos pasamos toda la noche hablando.

Ella contorneó mi silueta con sus dedos, moldeando mi forma.
El resto de chicas dormían, o lo aparentaban.
Después de eso, no volvieron a dirigirme la palabra.

SACRIFICIO O MASOQUISMO

Y vi, paseando por un palacio,
a una muchacha
que se arrancaba la piel a tiras
y ofrecía su carne cruda
en una delicada bandeja de plata.
Y me pregunté cuál sería su nombre.

Milagro

Me agarró fuertemente del brazo
y trató de inyectarme su veneno a la fuerza.
Sonreí por dentro, dejando que culminase
orgullosamente su venganza.
Ese acto lo condenaría para siempre,
y yo necesitaba morir.
Necesitaba un milagro.
Necesitaba un asesino.

DELIRIUM TREMENS

Me dañarás. Oh, claro que lo harás.
Y yo lloraré, con la belleza con la que llora la luna,
o un frágil lirio en la cresta de la montaña.
A ti te dará igual.
Pasarás de largo, creyéndote impune,
con las alas de la mariposa
arrugadas en el bolsillo.
Pero vendrá. Saturno vendrá,
porque un padre siempre viene a por sus hijos.
Y traerá consigo un frasco de veneno
donde se despliegan tormentas,
y oirás, perturbado,
los secretos de la estación lluviosa.
Beberás. Engullirás.
Y los límites se deformarán, grotescos,
perdiéndote en cárceles de visión borrosa.
¿Y yo? Yo estaré danzando en el éter,
como una sombra o un fantasma,
tan lejana, tan difusa,
tan ajena a tus delirios.

En la luna

Habría colocado mis manos en tu rostro
y te habría besado la frente.
Oh, cariño, te habría dado tanto amor
si me hubieras dejado.
Pero no te interesaba mi luz.
Solo querías reafirmar tu sombra.
Tú seguirás el extravío de la noche
y yo treparé, treparé, treparé,
y me sentaré en la luna
a murmurar hechizos blancos.

Liminal

Es un dolor liminal,
retorcido, inquieto,
como los pies en ascuas
de un niño que baila en mi pecho.
Quiero expulsarlo fuera,
transmutarlo,
exorcizarlo,
pero la lluvia se ha ausentado
del poema escrito en el muro.
El amor brujo
ha invadido a la alquimista,
que chilla y gime por los callejones
de la silente ciudadela.

BRUJA DE OTOÑO

Oigo a mis ancestros
susurrar desde el fondo de mis ojos:
«Bruja de otoño,
dolorosa,
maldita,
oceánica,
¿quién arrancó los lirios de tus campos?
¿Quién convocó el principio de muerte?
¿Quién hizo repicar la campana en la decimotercera hora?
¿Fue el buque fantasma
que parte hacia alta mar,
rumbo al corazón de la tormenta?
Bruja de otoño:
niña dulce, oh, niña tenue,
la de aura rosada
y tez transparente,
¿quién arrebató la luz de tu pozo?
¿Quién silbó a altas horas de la noche?
¿Quién fue, quién fue, quién fue?».

Ah, pero basta de garras revolviéndome el pelo.
Es hora de destilar materia negra
y de recuperar mi lugar en el sol.
Octubre está para escarbar.

DESGARRO

Por ti
atravesé la noche.

Lenguajes

En silencio
nos miramos
a media voz.

Nuestro día a día

Él subía la cuesta. Yo la bajaba. Era un día de verano. Él llevaba chándal y zapatos viejos.

Se acercó a mí y me metió la mano dentro del pantalón. Yo grité y traté de patearle. Él siguió andando, riéndose entre dientes.

Metáflora i

Rompe el alba;
sobre la flor
yace el rocío.

Metáflora 2

Lluvia de mayo;
crece en la tierra
una simiente.

Tango de Eros y Tánatos

Hay, en el sexo, un soplo de muerte.
Está en las aguas que lamen, exhaustas, las costas con sus lenguas efímeras;
en el canto fúnebre de la sirena que, desde la gruta de los huesos,
atisba el deseo en el horizonte.
En el desvanecimiento, en los ojos diluidos hacia el cielo;
en el frenesí de la ménade que despedaza y devora la carne.
Pero también hay una pulsión de vida.
Habita en el campo florido donde aletean las mariposas;
en la brisa primaveral que mece las cortinas del templo.
En las risas vírgenes que gotean las caricias.
El sexo es el espacio liminal donde los océanos entretejen su dolor;
la bruma que, antes de transformarse, envuelve el silencio previo al amanecer.

VÍNCULO

—Yo soy de las que convivo con los libros en cualquier parte: como con ellos, me baño con ellos, viajo con ellos, me masturbo con ellos. Los miro y recuerdo todas las cosas que hicimos juntos. Jamás me harán daño.

MUÑECA DE CRISTAL

Le gustaba balancearse en las telas de araña y llenarse los dedos de fresas;
contemplar el paso lánguido de las estrellas por el cielo
y sentir el olor a pan recién horneado en el aire.
Al principio, su actitud caprichosa me resultó cautivadora,
como lo haría la frágil crueldad de un niño.
Pero la fascinación muere como muere una estrella: por agotamiento.

SÁFICA

Me atrajo lo suficiente como para pasar horas hablando con ella y besarnos entre silencios.

Esa noche estuvimos echadas en la cama, desordenando el mundo con las palabras.

A la mañana siguiente, me di cuenta de que la admiraba profundamente. Admiraba su inteligencia; lo que ella era y representaba.

La quería.

Pero sus besos me fueron totalmente indiferentes.

Muertes

Al separarnos,
un lenguaje
murió con nosotros.

FECUNDACIÓN

Nos sentamos a mutilar el silencio.
Él diseccionó sus pensamientos
y yo los míos,
y después los arrojamos
a ese espacio informe e infinito
que gravita entre dos almas.
Giraron y se entremezclaron
e intercambiaron sustancias,
y cuando volvieron a nosotros
ya eran otra cosa.
Todo eso hicimos en silencio,
y nos fuimos cansados ese día.
Y, aunque nunca lo hablamos,
yo estoy segura
de que fue verdad.

GRUTA

Mis aguas discurren hacia dentro.
Mi mente es la abertura de la gruta;
mis genitales, la fuga.

Enamoramiento

—A nadie le interesa la somnolencia de la luna.
—A mí sí —respondió el campo de trigo.

Un beso mío

Tienes mi cuello bajo tus dientes,
pero, si me masticas, me evaporo.
No se puede degustar el vacío.
Un beso mío llega como la lluvia
y cala,
pero siempre guarda los secretos
de su paisaje inefable.
Me voy,
me voy,
me voy,
dejando eco en tus montañas
y un goteo en tu cueva.

AGUJERO NEGRO

Los átomos me empujaban
inevitablemente hacia ti.
Y tú lo provocaste, ¿verdad?
Y te dio igual, ¿verdad?
Ya...

ALGODÓN DE AZÚCAR

Su presencia era extraña, ausente, tenue, vaga, pero inequívocamente dulce. Hay quien se acercaba a ella y lo notaba. Su caudal era débil y fluía hacia dentro, llevándose consigo sus secretos. Sus besos eran como palpar la bruma o masticar el algodón de azúcar: húmedos y etéreos.

Gacela

Y así, la gacela huyó del lobo
y desapareció en las profundidades del bosque.

¿QUIÉN CAZA A QUIÉN?

Yo sabía
que él me cazaba
en la distancia,
con el deseo encorvado
en el ángulo de la esquina.

LAS LENGUAS NEGRAS DE VENUS

Que había algo vampírico en su forma de amar
lo supe desde el primer instante.
Era un ansia soterrada de transfiguración;
una pulsión bestial y sublimada
de fusión total en el otro.
Y yo podría haber sido su lamia o su sacerdotisa.
Habría salido a cabalgar la noche sobre la escoba,
gritando el principio de muerte,
y le habría colocado la corona de estaño
para que gobernase sobre el pantano.
Señor de las ramas retorcidas.
Sí, me habría arrodillado ante él
canturreando los versos de la obra negra
y entregándole mi corazón palpitante
en una bandeja de plata.

Besos vaporosos

Te besé en el éter.

OESED

Estaba segura de que, al igual que a ella,
a él también le consumía el deseo,
y que, al rozarse,
una serpiente de fuego danzaba por sus venas
y le polvorizaba los huesos.
No eran tan distintos.
Ambos conocían el exacto equilibrio entre luz y oscuridad,
dulzura y veneno; vida y muerte.
Y jugaban a la pita y se reían a carcajadas,
a ver quién saltaba fuera de la línea
para ir corriendo a salvar al otro.

HUMILLACIÓN O LA IRA FEMENINA

Quería que su retorcida serpiente
ardiera en mis entrañas,
entrar con mis ojos a través de él
y fundirnos en una sola alma;
consumirnos en astillas de carne y dolor
y lenguas húmedas de placer.
Pero él temía mi naturaleza lúbrica
y mi forma de habitar los límites,
y aunque fantaseaba con la ninfa salvaje,
una vez la tuvo enfrente,
le clavó una flecha roja
y salió huyendo.
Y mis lobos negros aullaron a la luna
y lloraron y maldijeron entre dientes,
y deseé que le dieran larga caza,
pero jamás salieron de la cueva.

EL ALIVIO AL FINAL DEL DUELO

Aprendí a vivir sin ti.
Desenhebré el lenguaje que creamos.
Desaparecí tu esencia de todas las cosas,
como quien se deshace de un viejo manto de polvo.
Las estrellas recuperaron su brillo genuino
y comenzaron a titilar independientemente.
El fuego ahora tiene secretos que no susurran tu nombre,
y el viento que me corta la cara ya no me hiere.
He aprendido a no buscar los ecos de nuestra historia en el éter.
Las puertas de la biblioteca están cerradas y he echado la llave dentro.
No envejeceremos juntos.
Llegará un día en el que nos desconoceremos.
Y estaremos bien.

PARTE III: ORILLA

Del encuentro con lo santo y lo sagrado, la dignidad
de las viejas diosas y la fuerza arquetípica.
Los símbolos que trascienden las arenas del tiempo
y que arrojan luz y sombras a nuestro inconsciente.
La búsqueda de trascendencia, las visiones, los sueños
y la conexión con dimensiones intangibles.

Hija de Hades

Hija de Hades,
de granadas
llevas rebosante el vientre.

DESDE LA CIMA

La vida es una danza de imágenes
y palabras. A veces, intuyo que fuera
de ellas hay algo más, algo que echa a volar
hacia la cumbre de mis pensamientos
y me observa desde la cima,
como un sueño rapaz y lejano.

PANDORA

A ti, la primera Eva,
te modelaron manos de fuego;
arrojaron en tu corazón
la sombra de la mentira
y el peso de la falacia.
Tú, que fugaste el tesoro del mundo,
de ti descienden las tribus de mujeres
que yacieron en el lecho divino
de las mansiones donde reposan
los repatriados bienes.

¿Quiénes somos? ¿Quién soy?

¿Y qué hay de nosotras,
las que ni mundo despierto
ni mundo dormido,
sino entre las grietas intermedias?

El chacal (*djinn*)

Lo vi.
Fue un día polvoriento
de viento azafrán
y calor lúbrico;
había moscas y escombros
y perros salvajes
que aullaban.
Él estaba quieto,
y desde la ventana
tamizaba la luz del sol
                        y la engullía.

Tenía rostro de chacal,
cuerpo de humo,
y la risa incendiada.
Su voz era dulce
y me arrulló suavemente
con el candor que sucede
a la noche en el desierto,
y señaló hacia algo
que yacía tras de mí:
                        era mi madre.

Entre sus manos sostenía
un candil prendido, y temblaba,
y en sus pupilas
la culpa y la vergüenza
se echaban hacia atrás.
«Ella me ha llamado —me dijo—
y yo debo responder a su deseo».

Desconcertada,
vi como la sombra se cernió sobre mí
y me hizo girones la carne,
desahuciándome del mundo.
Desde ese día,
los perros no dejaron de aullar,
y mi madre no volvió a desvelarse.

LOS ESCORPIONES

El bosque se ha quemado.
Los animales están muertos.
Las nínfulas corren despavoridas
a esconderse a las ciudades.
Ya no se oye el chirrido de la lechuza
ni el canto de la cigarra,
y la lluvia quema bajo la piel.
El suelo está agrietado y polvoriento.
Las niñas ríen y cantan
y juegan con los escorpiones.

La visión

Y vi a un ángel
y solicité audiencia,
y me mostró un retazo
de los reinos pálidos:
había ciudades delgadas
y cordilleras pretéritas;
la vértebra de un dragón
desplomada en una cresta.
Vadeamos valle seco
hasta alcanzar la puerta angosta,
y entre las grietas se filtraron
pavesa y clamores rojos:
y divisé animales muertos
y remolinos voraces,
y la saliva de los primeros reyes
derramándose sobre los principados.
Espantada, me castré los ojos
y el ángel me masticó despacio
y me escupió fuera;
desde entonces, ya no sé
cuándo azufre y cuándo reliquia,
o si es humano sostener
ninguna porción de Verdad.

SOY INMÓVIL

Voy transitando estos corredores:
suelo de damero,
paredes plateadas,
corrientes de aire ligeras,
estancias vacías.
Las entrañas de palacio.
Yo soy la única presencia,
y me muevo, pero soy inmóvil.
Un eco o un fantasma;
una presencia vaga de una vaga visión.

Fuera, el unicornio,
esperándome junto a la fuente de cristal.

TRÁNSITO

Algún día cantará el bardo
y no habrá rostros que me velen
ni manos que me sostengan.
Será la gran noche del descenso.
Moriré sola y sin miedo.
Esquivaré al túnel, al ángel y al laberinto,
y huiré de cualquier pretensión de tribunal.
Atravesaré la fiesta de máscaras
y saltaré fuera de la rueda cósmica
para ver al mundo
despojado de sus creencias.
Es decir: tal cual es.

Límite

Había fuerzas superiores a mí que me atravesaban
y movían mi cuerpo sin mi permiso.

DISIMULAR

Hay días en los que no encuentro sostén en esta tierra. Días
en los que sueño con volver al gran sidéreo y ansío la ambrosía
que me conducirá al consomé primordial. De vuelta a casa.
Pero la vida me arrastra, inevitablemente.
Y despierto. Y debo ponerme a hacer algo.
A trabajar, quizá.

A disimular.

La decimotercera hora

Me hundí en el pantano
junto a las algas, los nenúfares y los juncos,
y me fundí con la luz de la luna
que andaba hurgando en las profundidades.
Sonó la decimotercera campana
y una bandada de murciélagos
revoloteó en el aire;
sobre la torre del campanario
se arremolinaron las nubes,
y supe que un mal aciago
me había infectado la sangre.

RECHAZO

No rezo a ningún dios
que reclame una sola gota de sangre.

ABSTRACTA

Que no me arrebaten el yo.
Que no me quiten la voz.
Que no me destierren a la tierra de los ecos de las ideas.
Si la esencia es abstracta, he de darle forma.
Si la esencia no existe, he de articular mis ideas en columnas
y muros para poder derribarlas.
Donde hay ruinas, hubo existencia.

La hora rosa

Andaba soñando
un atardecer lunar;
había silencio
y campiña
y aura
y luceros.
Yo nadaba en el lago
de algún planeta solitario,
tan libre y lejana,
y completa.
Estaba allí,
sidérea, leve,
en algún lugar
más allá de la vida,
donde siempre es la hora rosa.

INTUICIÓN

A veces me preguntan cómo lo sé,
y yo les digo que no tengo ni idea.
¿Cómo se percibe lo invisible? ¿Cómo se captan las sutiles corrientes
de intención que atraviesan a todos los seres?
No lo sé. Aunque esté resguardada, la lluvia siempre cae y me empapa.
Y ellos dicen que quieren; que desean poseer el don y el castigo.
Ansían tirar del hilo dorado y atisbar el palacio de agujas afiladas
que aguarda al fondo de la fuente, con la inconsciencia de ahogarse
en sus propios espejismos.

Un río sin fin

Todas estas visiones, todos estos sueños,
todos estos estados de conciencia,
como un río sin fin.
Y yo soy el agua,
a veces lúgubre, a veces cantarina,
que siempre discurre
entre las rocas.

22:22

Creo que era un día soleado.
Caminando por el parque,
vi un papel tirado en el suelo.
Me agaché y lo recogí,
y al ver de quién era su autoría
pensé que no era una causalidad.
Acepté la propuesta.
Al fin y al cabo
un posible destino kármico
había salido a mi encuentro.

Tótem I

Pero hay algo.
Un leve temblor en la farola.
Una polilla
descubriendo la muerte.

TÓTEM II

La serpiente sabe cuándo debe morir.

No teme al dolor, sino que transmuta con él.
Lo incorpora.
Lo digiere.
Lo hace suyo.
Ella, que es vida y muerte, veneno y antídoto, nunca va en busca de la piedra filosofal ni hace la alquimia.
Es la alquimia.

Y no hay fuerza, ni humana ni cósmica, capaz de arrebatarle semejante porción de poder.

Transfiguración

Con alas lunares
se asienta el alacrán
en la humedad de las nubes.
Atrás queda la cueva.
Se sienta y observa,
observa, y ya no es un alacrán.

LIMPIEZA

Ahora, en esta hora bruja,
me visto con los ojos de la noche
y atravieso el silencio.
Devuelvo la sangre a su herida.

La llave

Si la muerte es el umbral,
el estado de conciencia es la llave.

VERDADES

No hay nadie que necesite más a Dios que el diablo.

RENACIMIENTO

Finalmente, volvió la luz.
Me sacudí el petróleo ajeno
y amanecí al otro lado de la galaxia,
en la cara pálida del cosmos.
Legitimidad es la palabra.
Mi alma recupera el rosa,
y vuelve a desprender
un vago perfume a lilas.

NEPTUNO EN CASA 12

Que mis nervios traspasan la carne porque ansían el aire,
y liban de seres que me agradan
y de otros que me repugnan.
Que es puro el núcleo,
pero a veces languidece,
cuando mi humo se extravía en hoguera ajena
y mis haces vagan, como ascuas tristes, en la bruma.
Porque la información está ahí, suspendida,
y es densa y grosera, y arde.
Por eso callo. Callo y mastico,
y me aferro al silencio por vicio a la soledad.

La red

—¿Lo notas?

—¿El qué?

—Esa especie de red invisible que hay en el aire. Es como si existieran hilos sutiles por los que viaja la información del inconsciente y conectaran a todos los seres del mundo.

—Yo no siento nada.

—A veces, esa red se hace un poco más visible, lo suficiente como para percibir chispazos de información. Funciona muy bien cuando te vinculas emocionalmente con alguien.

—Hm... ¿es lo que llamamos intuición?

—Puede ser. La comprensión instantánea de las cosas, sin necesidad de razonarlas. Pero, a veces, es algo más. Algo como la telepatía. Ya, ya sé que suena muy loco decirlo así.

Me gusta más verlo como un océano en el que todos estamos nadando y en el que ocasionalmente se mezclan las corrientes.

Aguadora, o la fuerza del vacío

Que mis resistencias sean tranquilas no significa que no sean contundentes.
Yo me rebelo en mis silencios,
en mis ausencias
y en mis retiradas.
En el vacío no hay violencia,
pero sí fuerza.

UN VIEJO SUEÑO

Y fui feliz sola,
bebiendo del mar de plata.
Aún hay viejos sueños
que trae el velo de la noche:
la cabaña,
el bosque,
el lago,
la luna,
el silencio,
las estrellas,
la fuente,
el palacio.
¿Volveré a ver tu rostro algún día?

VÍNCULOS

Toda relación es, en cierta forma, alquímica.
Nunca te vas como vienes.
Siempre hay transformación.

AD INFINITUM

Alguien dijo: «Viajé, amé, perdí, confié y me traicionaron[1].
Soy un mito que se construye a sí mismo».
La búsqueda de la identidad puede ser angustiosa.
Generalmente, tiene sus tiempos naturales.
Pero, ¿qué pasa cuando esos tiempos se dilatan?
¿Y qué sucede después de retornar a casa con el elixir?
Que una duerme tranquila, por un tiempo.
Pero, en el fondo, sabe que la aventura volverá a llamar a su puerta.
Un nuevo horizonte.
Un nuevo descubrimiento.
Una nueva reflexión.
Una nueva búsqueda.
Una nueva pregunta.
Una nueva perspectiva.

---

1 *El nombre del viento* de Patrick Rothfuss

UN VUELO INQUIETANTE

Quiero saber qué hay más allá del último horizonte.
Quiero perseguir el fondo del universo.
Adentrarme en todas sus capas
y vaciarme de infinito.
Anoche soñé que volaba entre planetas.
Recorría Júpiter y Saturno,
presencias colosales y vertiginosas
que me enmudecían.
Un vuelo inquietante, desde luego,
pero, a la vez, hermoso.

Quizá no

Me miraba como si yo tuviera las certezas.
Y las tenía.
O quizá no.

SÁGITA

La voraz necesidad de experiencias.
La flecha que apunta, incansable, hacia el horizonte.
Las infinitas playas de los infinitos mundos.
El horizonte que se alarga.
La amazona y el centauro.
Los bosques vírgenes y las tierras inexploradas.
La melena sacudida por el viento.
Viajera.
Filósofa.
Amiga.
Amante.
Libre.

Opus nigrum

Al igual que mis enemigos,
yo también celebro mis muertes.

ÍNDICE

PARTE I: CIÉNAGA

PARTE II: GRUTA

PARTE III: ORILLA